HISTOIRE

VÉRITABLE,

Que je raconterai dans cinq ans à ma fille, actuellement âgée de onze mois.

Il y avait autrefois un grand peuple qui désira d'être libre. Il se défit de son roi et de tous ceux qui avaient gouverné jus-qu'alors; et quand il n'eut plus de maîtres, il se trouva des

hommes qui voulurent le devenir. Ils dirent au peuple : Nous
sommes vos seuls amis; gardez-
vous d'en écouter d'autres; lais-
sez-nous faire , et vous serez
libres et heureux. Le peuple les
laissa faire, et devint plus es-
clave et plus malheureux qu'au-
paravant : on lui disait que tout
ce qu'il souffrait était nécessaire
pour acquérir la liberté; mais il y
avait parmi le peuple beaucoup
d'hommes sages et éclairés, à
qui il était difficile de le faire
croire. Les méchans, qui vou-

laient gouverner dirent: Voilà des
gens qui voient nos mauvais des-
seins, et qui les feront connaître
aux autres. Ce sont pour nous
de dangereux ennemis; et il les
nommèrent les ennemis du peuple; et le peuple le crut, et se dé-
fia d'eux; et alors les méchans ré-
solurent de les faire tous mourir.

Ils commencèrent par faire
des prisons dans toutes les villes, et dans plusieurs, ils éta-
blirent des juges pour faire couper la tête à qui ils voulaient.
Il y avait une grande ville où

chaque jour on menait au supplice soixante ou quatre-vingts
personnes. Souvent le vieillard
y était conduit avec ses enfans
et ses petits-enfans et la femme
avec son époux. C'était là qu'on
envoyait de la plupart des pro-
vinces ceux qu'on voulait faire
mourir. Quelques - uns étaient
condamnés, seulement parce
qu'ils étaient riches, et qu'on
voulait prendre leurs biens ;
d'autres à cause de quelque
ressentiment particulier des juges, ou des prétendus amis du

peuple ; plusieurs, à cause de leurs vertus et de leurs services; car on craignait que le peuple n'eût recours à eux, et ne leur confiât une autorité dont ils se seraient servis pour punir les mé-chans. C'étaient bien là les vrais motifs de tant de cruautés; mais ce n'était pas ceux qu'on disait tout haut. On accusait tous ces hommes d'avoir conspiré contre le peuple, et de vouloir détruire la liberté. Les accusés ne pouvaient point parler pour se défendre; et ils étaient toujours

trouvés coupables. Dans quel
ques villes, on y cherchait moins
de façous. On noyait hommes,
femmes et enfans, par centai-
nes, dans des bateaux inventés
exprès. Ailleurs, on en exposait
trois cents à la fois au feu du
canon. Et plus on faisait périr
de ces prétendus ennemis, plus
on disait qu'il en restait encore:
et les hommes les plus simples
commençaient à penser tout bas
qu'il fallait que le gouvernement
fût bien mauvais, puisqu'il avait
tant d'ennemis ; et chacun se

demandait: le peuple ne cesse-ra-t-il donc d'avoir des ennemis que quand on aura détruit tout le monde?

A mesure qu'on faisait mourir des prisonniers, d'autres ve-naient prendre leur place dans les prisons.

Il y avait dans une province de ce pays, un homme et une femme qui vivaient retirés à la campagne, avec cinq enfans. Leur unique occupation était de les élever, et de faire autant de bien qu'ils le pouvaient. Aussi ils étaient aimés de tous leurs voisins. Et voilà qu'un jour à neuf heures du soir, la pauvre femme voit entrer dans sa chambre quinze soldats qui emmènent son mari en prison dans la ville prochaine. Elle avait ce jour là même ressenti les douleurs de l'enfantement. Elle oublie ses souffrances, et s'élance sur les pas de son mari. On l'arrête ; on la retient. Le lendemain matin, quand ses enfans apprirent qu'on avait enlevé leur père pendant qu'ils dormaient, ô comme ils pleurèrent tous! et elle ne pouvait les consoler. Leur vue augmentait son affliction. Elle va à pied à la ville qui était éloignée de plus d'une lieue. Elle se présente à la prison pour voir son mari. D'abord on la repousse: mais un garde attendri par son état, va dans la prison avertir son mari; et elle l'embrasse à la porte au milieu des hommes armés qui ne pouvaient retenir leurs larmes, mais qui tremblaient d'être aperçus par quelque ami du peuple, elle retourne chez elle ; et dans la nuit même elle mit au monde une petite fille. On ne se réjouit pas de la naissance de cette enfant ; on ne donna point de dragées ; on la regardait dans son berceau, et l'on disait : La pauvre petite est bien malheureuse d'être née.

Pendant ce temps, le prisonnier éprouvait tous les tourmens de l'inquiétude. Il avait vu sa femme malade et souffrante : et il ne pouvait savoir comment

elle se portait. Il aurait tout ha-
sardé, pour en apprendre des
nouvelles. Son fils aîné, âgé de
douze ans, voulut lui en porter,
et lui annoncer la naissance de
sa petite sœur. Le pauvre enfant ne croyait pas qu'en rem-
plissant ce devoir, il trouverait
des obstacles impossibles à vain-
cre. Il se présente aux portes et
veut pénétrer dans la prison,
on le renvoie. Il va trouver
alors les hommes plus puissans
qui avaient fait renfermer son
père. O je les fléchirai, disait-

il ; j'en suis sûr..... Ils auront pitié de moi.... Mais l'un d'eux, avec un sourire amer et outrageant, lui ordonna de sortir.

Quelques jours après, un homme vint chez cette pauvre femme. Votre mari, lui dit-il, étant prisonnier, ni lui ni sa famille ne doivent plus rien posséder. On a bien voulu, parce que vous êtes malade, ne pas vous renvoyer de cette maison ; mais vous n'en garderez qu'une partie. Demain, d'autres personnes viendront prendre possession du reste. Je suis chargé de prendre le compte de tout ce qui est ici, pour que vous ne puissiez en rien ôter. Et tout de suite, il écrivit les meubles de la maison, et le lit même de cette mère infortunée et ceux de ses petits enfans. La voilà donc dépouillée de tout, et devenue étrangère dans sa propre maison. L'usage du jardin lui fut ôté. Elle n'avait pas même une vache pour lui donner le lait dont elle avait besoin chaque jour pour la bouillie de sa petite fille. Les bons paysans de son voisinage ne l'abandonnèrent pas. Ils lui apportaient la plupart des choses qui lui manquaient. Dans ce temps-là , il était fort rare d'avoir des amis, quand on était malheureux; et elle eut cependant la consolation d'en compter plusieurs qui prirent une véritable part à ses peines. Dès qu'ils surent que son mari était en prison, ils vinrent auprès d'elle. Ils lui donnaient quelques bons conseils qu'elle suivit, et des espérances qu'elle ne voulait pas recevoir; et leur attachement adoucit un peu son chagrin.

Lorsqu'elle fut un peu rétablie, elle alla à la ville pour voir son mari. Mais les prisonniers n'étaient plus au même endroit. On les avait transportés dans un cachot infect, dont les fenêtres étaient murées presque entièrement, et dont les doubles portes se fermaient avec un bruit horrible par des verrous gros comme le bras. A force de prières et de persévé-

rance elle obtint avec une grande peine de se placer à une petite fenêtre d'un pied carré. De
là elle voyait la chambre où
son mari et dix-huit autres personnes étaient entassées. L'o-
deur en était insupportable.
L'air ne s'y renouvelait que
par de petites ouvertures. Son
mari s'était approché; elle lui
parlait; quand tout à coup un
homme sans âme et sans pitié
l'aperçoit et s'écrie: qui est-
ce qui a fait entrer *cette* femme? Qui est-ce qui souffre

qu'on parle à ces *gens-là*. Je vais envoyer en prison ceux qui ont manqué à leur devoir. C'était le commandant de la garde. Elle s'enfuit toute tremblante, et frappée des objets qu'elle avait vus. Hélas, disait-elle, s'ils n'avaient pas le dessein de faire périr tous ces malheureux prisonniers, pourquoi prendraient-ils tant de précautions de peur qu'ils ne leur échappent? Pourquoi les aurait-on fait changer de prison? Pourquoi ces barreaux et ces verrous si gros

qu'il n'y en eut jamais de sem-
blables? Et puis, elle se souve-
nait que quelque temps aupara-
vant, on avait égorgé plus de
cinq mille personnes dans les
prisons de la grande ville, sans
prendre la peine de les juger,
et elle disait : Ils feront sûre-
ment de même dans toutes les
villes. Dans celle-ci il y a des
gens qui vont déjà sous leurs fenêtres hurler le chant de mort.
Car elle avait su que plusieurs
fois on était venu en chantant
demander leur sang, de la mê-

me manière que les sauvages qui mangent les hommes, chantent et dansent autour de leurs prisonniers avant de les dévorer.

Pour comble de malheur, son mari devint malade dans la prison. Elle demande qu'on l'en fasse sortir, au moins pour quelque temps, afin qu'il puisse être soigné et recouvrer la santé. Tous les paysans de son voisinage joignent leurs prières aux siennes. Ils redemandent leur bon voisin, dont ils n'ont jamais reçu que des services.

Ceux qui avaient ordonné l'em-
prisonnement, n'étaient pas tous
injustes et insensibles. Plusieurs
furent émus par les instances
de la malheureuse femme, et
par les sollicitations et les bons
témoignages de ses voisins. Ils
promirent de faire ce qu'ils
pourraient pour que le prisonnier retournât auprès de sa famille jusqu'à ce qu'il fût entièrement guéri.

Pour la première fois, elle
espéra et elle communiqua ses
espérances à ses enfans. Elle

part un matin pour la ville : mais sa demande fut rejetée. Elle s'en retourna sur-le-champ. En chemin, elle trouve ses enfans plus gais, plus parés que de coutume. Ils courent à elle. Où est donc papa ? Tu devais nous le ramener. O comme son cœur fut déchiré en ce moment ! Non, mes amis, leur dit-elle, votre papa ne reviendra pas ce soir. Ceux qui nous ont fait tant de mal, en l'ôtant d'auprès de nous, disent qu'ils ne peuvent nous le rendre. Ils reconnaissent qu'ils ont eu tort, ils ont des regrets... et ils ne peuvent rien pour votre papa et pour nous. Il y a dans la grande ville des hommes qui gouvernent tous les autres. Ils ont donné dans chaque pays à quelques personnes le pouvoir de faire tout le mal qu'ils voudraient; mais il leur est défendu de faire jamais aucun bien. Ils ôtent la liberté, les biens, le bonheur; et ils ne peuvent les rendre à personne sans courir le risque d'être mis à mort.

O qu'ils sont malheureux, dit
l'aîné des enfans; je les déteste
bien; mais je crois, malgré cela,
que je suis forcé de les plaindre !
Quel affreux supplice que celui
d'être toujours malfaisant, sans
pouvoir être autre chose ! N'est-
ce pas là, maman, l'emploi du
diable dans les enfers? Maman,
dit un autre, puisqu'il y a dans
la grande ville des hommes qui
ont plus de pouvoir que les
autres, il faut y aller. Peut-
être que les maîtres de nos maîtres ne sont pas si méchans

qu'eux. Oui, mes amis, leur dit-elle, j'irai dans la grande ville, et on nous rendra votre papa. Elle partit peu de jours après avec la petite fille qu'elle allaitait. De bons amis se chargèrent de ses autres enfans pendant le temps qu'elle devait être absente

Quand elle fut arrivée dans la grande ville, elle ne tarda pas à s'apercevoir que tout le monde n'y avait d'autre sentiment que la crainte. Celui-là étouffait tous les autres, et l'on ne pouvait espérer de personne ni pitié ni justice. Un homme à qui elle s'adressa d'abord, lui dit: Si vous m'en croyez, retournez bien vite chez vous; gardez-vous de parler ici de votre mari, vous feriez qu'on penserait à lui, et dès qu'on y pensera, ce sera pour lui faire couper la tête. Un autre lui disait: Je voudrais bien vous être utile et faire quelque chose pour votre mari. Mais si je m'intéresse à lui, cela ne lui fera aucun bien; et ce sera cause

qu'on me coupera la tête comme ayant cherché à sauver un
prisonnier. Et la pauvre femme,
seule, abandonnée de tout le
monde, voyait chaque jour ses
maux devenir plus grands.

Quelqu'un lui dit: Allez trouver un homme qui est de votre
province, et qui est un de ceux
qui gouvernent tous les autres.
Il est tout-puissant, et d'un
seul mot, il peut vous rendre
heureuse. Peut-être sera-t-il
touché de vos maux. Elle va
chez cet homme; mais quoiqu'il

fit trembler tout le monde, il avait lui-même encore plus de peur. Il craignait sans cesse d'être assassiné, et on ne laissait entrer auprès de lui aucune personne inconnue. Elle fut donc renvoyée. Elle ne se rebuta pas. Et, après avoir pendant huit jours cherché tous les moyens de pénétrer jusqu'à lui, elle parvint à lui parler. J'ai trop d'affaires ici, dit-il, pour m'occuper de la vôtre. Mais j'irai bientôt dans votre pays, et je verrai..... Et il dit ces mots d'un ton qui remplit d'effroi la malheureuse femme. Hélas, dit-elle, il ne viendra que pour faire périr tous les prisonniers qui sont dans son pays. Et elle se retira toute effrayée, et ne sachant que faire ni à qui s'adresser.

Elle sut que parmi les hommes qui gouvernaient, il s'en trouvait, par hasard, un qui avait conservé un peu d'humanité, et qui avait fait quelquefois de bonnes actions. Elle lui écrit et lui demande la liberté

de son mari. Ses lettres demeu-
rent sans réponse. Elle cherche
à se placer sur le passage de cet
homme pour lui parler, et bien
des jours s'écoulent encore sans
qu'elle puisse le voir. Enfin la
Providence lui offre une occa-
sion de lui parler. Elle lui dit
peu de choses; mais sa douleur
parlait pour elle. Cet homme
l'écouta avec attention, et elle
lui remit un écrit qui contenait
la justification de son mari. Il lut
cet écrit; il parut touché de l'in-
justice; et il lui donna quelques

espérances. Le lendemain , on apprit que les troupes de ce pays avaient remporté une grande victoire; et on se réjouissait à cause de cela. Cet homme pensa que la meilleure manière de cé-lébrer une victoire, c'est de faire des heureux; et il fit signer un ordre pour remettre en liberté le malheureux prisonnier, et il envoya cet ordre à sa femme. Vous pensez qu'elle dut être bien contente. Elle avait obte-nu tout ce qu'elle désirait. Elle allait retrouver son mari et ses enfans. Mais son cœur avait été tellement saisi par la crainte, qu'il ne pouvait pas encore s'ouvrir au plaisir. Elle n'osait croire que son bonheur fût réel ; et elle craignait qu'il ne fût troublé de nouveau. Elle se hâta de retourner dans son pays, rapporter à son mari la liberté. Sur sa route elle vit une foule de victimes que l'on conduisait dans la grande ville ; et son cœur se serra ; et l'idée de l'avenir, et la vue du malheur des autres, lui ôtaient le sentiment de la joie. Elle arrive dans la ville ou était son mari; ses enfans vinrent l'y join-dre ; et chacun s'attendrissait en voyant réunie après une si cruelle séparation, toute cette famille qui avait été si malheu-reuse. Ils retournèrent tous dès le soir même à la campagne. La femme épouvantée par ce qu'elle avait vu dans la grande ville, ne pouvait s'empêcher de craindre l'arrivée prochaine de l'homme tout-puissant qui lui avait dit: Je verrai.... Chaque jour on annonçait sa venue, lorsqu'on apprit un beau matin, que le peuple de la grande ville s'était lassé de voir couler le sang. Il s'était trouvé un homme assez courageux pour nommer les tyrans qui ordonnaient chaque jour tant de cruautés; et bientôt, environnés seulement de leurs crimes et de l'horreur publique, ces faux amis du peuple avaient subi la peine qui leur était due. L'homme tout-puissant qu'on attendait dans cette province, fut un des premiers que l'on punit: et les habitans

de sa malheureuse patrie n'eu-
rent plus à craindre sa présence.
Toute la famille fut alors ren-
due au repos et au bonheur
dont elle n'avait joui qu'impar-
faitement jusqu'à ce moment.

O MA SOPHIE! lorsque je
te raconterai cette histoire, tes
larmes couleront, et tu diras:
Maman, voilà un vilain conte;
mais heureusement cela n'est pas
vrai. Sans doute alors l'espace
de quelques années aura presque guéri les maux de ta patrie.

Sans doute les hommes qui firent le mal, par peur ou par faiblesse, auront effacé à force de bonnes actions le souvenir de leurs torts; et ceux qui le firent par inclination et avec délices auront tous expié leurs forfaits. On ne pourra plus croire qu'il ait existé tant d'hommes occupés uniquement du malheur des autres. On n'apercevra plus les traces de la désolation générale de toute la France. Et toi, ma Sophie, tu ne voudras pas croire qu'un même jour marqua ta naissance et le désespoir de tous tes parens ; que c'est toi qui partageas ce pénible et douloureux voyage que ta mère fit dans la grande ville ; et que suspendue à mon sein, tu n'as cessé d'être mouillée de mes larmes pendant les trois premiers mois de ta vie.

A RIOM,

DE L'IMPRIMERIE DE LANDRIOT.

RÉIMPRIMÉ EN 1865,

PAR FERDINAND THIBAUD,

Imprimeur-libraire

A CLERMONT-FERRAND.